Begegnungen im
Rems-Murr-Kreis

Begegnungen im
Rems-Murr-Kreis

Fotografie Gottfried Stoppel
Texte Dr. Harald Knitter und Dr. Michael Vogt

Herausgegeben vom Landratsamt Rems-Murr-Kreis

Traumwelt: Grenzziehung zwischen Vergangenheit
und Zukunft verwischt in traumhafter Welt

Seite | 8

Schaffenskraft: Hinterm Horizont geht's weiter für
kräftige Schaffer und kreative Köpfe

Seite | 22

Eigenleistung: Baumeister des eigenen Lebens
müssen sich ganz schön strecken

Seite | 30

Naturtalent: Muße ist ein Muss, um dem Land
seine schönsten Seiten abzugewinnen

Seite | 44

Waldgeist: Harte Arbeitswelt der Pioniere
taugt heute zum Freizeiterlebnis

Seite | 60

Muskelspiel: Sport führt manchmal zum Erfolg,
ist aber für alle immer ein Gewinn

Seite | 72

Wertschöpfung: Eintritt in Parallelwelten bietet
unerwartete neue Perspektiven

Seite | 88

Viele Bilder – ein Landkreis

Gegensätze beleben! Das lässt sich täglich im Rems-Murr-Kreis erleben – an jedem Tag, an jedem Ort und zu jeder Jahreszeit. Vom großstädtisch-urbanen Fellbach bis zum ländlich-beschaulichen Dörfchen Kirchenkirnberg sind es nur 30 Kilometer, aber zwischen beiden Orten liegen in vielerlei Hinsicht Welten! Unser gesamter Landkreis ist geprägt von diesen Kontrasten. Die Menschen hier leben im Wechsel von alt und neu, Vergangenheit und Zukunft, Ruhe und Geschwindigkeit, Natur und Technologie, Bodenständigkeit und Hochkultur.

Der Fotograf Gottfried Stoppel hat diese Dynamik an Rems und Murr mit seinen Bildern eingefangen. Gehen Sie mit ihm auf eine Bilderreise durch unseren Landkreis, lernen Sie seine Bewohnerinnen und Bewohner kennen, entdecken Sie Neues und erleben Sie Altbekanntes durch einen neuen Blickwinkel. Sehen Sie dabei ruhig genau hin, denn die vielen Details machen das Erlebnis aus – nicht nur im Bild, sondern auch im alltäglichen Leben im Rems-Murr-Kreis!

Viel Vergnügen dabei wünscht Ihnen

Dr. Richard Sigel
Landrat des Rems-Murr-Kreises

Traumwelt:
Grenzziehung zwischen Vergangenheit
und Zukunft verwischt in traumhafter Welt

Grenzen trennen nicht nur. Sie verbinden auch, ohne zu vermengen. Im Schwäbischen Wald zieht sich der Limes, einst trutziger Schutzwall zwischen Römern und Germanen, seit fast 2000 Jahren schnurgerade durch das Gebiet des heutigen Rems-Murr-Kreises. Auf oft verschlungenen Pfaden sind dessen Einwohner und Besucher Grenzgänger. Auf dem feinen Grat zwischen Tradition und Moderne, zwischen Metropole und Idyll verläuft ihre Erfolgsspur.

Bridging past and future

Boundaries do not only divide: they also connect. The Limes, ancient Rome's line of defence against the Germanic tribes, runs through Rems-Murr-Kreis. The region successfully straddles many boundaries — balancing tradition and modernity, city and country.

Brücken bauen.
Die Wurzeln der Region haben Weltrang.
Gefragt sind unter den Gästeführern vor allem die Limes-Cicerone, um in die gar nicht so graue Vorzeit einzutauchen. Antik gewandet lassen sie die Ahnen lebendig werden und beleuchten unter Fackelschein auch düstere Kapitel. Die wieder errichtete Toranlage des Welzheimer Ostkastells ist keine Traumwelt, sondern reale Brücke in die heutige Welt.

Bringing history to life: *on tour with the Limes Cicerones; the reconstructed Roman gateway at Welzheim seems like a portal to the past.*

Modernität bewahren. Was die Backnanger Baumeister nach dem Stadtbrand von 1693 ersannen, war damals modern. Als Fuge zwischen alemannischem und fränkischem Stil schufen sie eine Fusion der Fachwerkelemente, wie am Marktplatz. Das heute Historische hat seine Funktionalität erhalten. So lebt man hier den Traum: wohnen, wo andere nur Urlaub machen können.

Living heritage: ultramodern in 1693, these half-timbered houses in Backnang are now quaint – yet they are still home to a privileged few.

Kante zeigen.
Die Deutsche Fachwerk-
straße verläuft im Rems-
Murr-Kreis von Backnang
nach Schorndorf. Unter-
wegs treffen verschieden-
ste Seiten aufeinander, die
Architekten früher und
heute dem Werkstoff Holz
abgewonnen haben. Die
klaren Konturen aus der
Hand von Zlatko Antolovic
und Alexander Wendlik
machten das „T-Bone
Haus" in Waiblingen
zu einer bewohnbaren
Raumskulptur.

Leading the way: *the*
Deutsche Fachwerkstraße
scenic route passes archi-
tectural masterpieces old
and new, including the
T-Bone Haus in Waiblingen.

Aufwärts streben.
Kirchbau war stets Glaubenssache: eingebettet und doch abgehoben. So ragt die Murrhardter Stadtkirche seit über 500 Jahren aus dem Schwäbischen Wald. Im urbanen Fellbach trägt Straßenpflaster Kirchgänger zur spirituellen Begegnung bis zum Altar. Kirchtürme waren immer Fingerzeig auf Höheres, der Rundbau Maria Regina öffnet sich, abgeschirmt vom Weltlichen, nur himmelwärts.

Aiming high: building churches is an act of faith, from the 500-year-old Stadtkirche in Murrhardt to Maria Regina in Fellbach.

Tüchtig klappern.
Alternative Energien
waren hier schon mo-
dern, als sie noch keiner
so nannte. Die Natur für
sich arbeiten zu lassen,
passt zur schwäbischen
Gewitztheit. Manch
eine, wie die Hegnacher
Mühle, steht trotz Glo-
balisierung mit lokalen
Produkten noch ihren
Mann. Ein Mühlen-
wanderweg führt über
37 Kilometer zu elf der
schönsten Wassermüh-
len, ob zum Getreide-
mahlen, Holzsägen oder
Ölpressen.

Turning back time:
eleven historic water
mills are linked by the
Mühlenwanderweg trail.
Some of the region's
mills, such as Hegnacher
Mühle, are still in
operation.

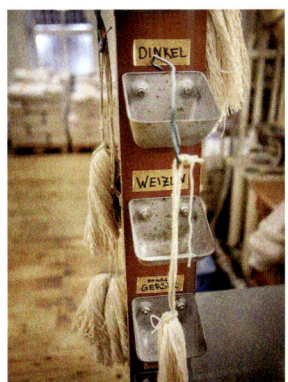

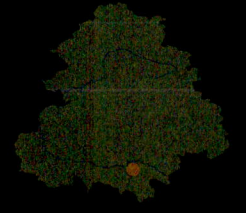

Beweglich bleiben.
Der Bäckerssohn
Gottlieb musste in
Schorndorf erst klei-
ne Brötchen backen.
Später machte er seinen
Lebenstraum wahr und
entwickelte den Motor,
der Daimler zum Pionier
des Automobils machte.
Sein Geburtshaus ist
längst Museum, doch
verdankt der Landkreis
mit der Zulieferindustrie
weiter einen Teil des
Wohlstands dem Erfin-
dergeist Daimlers, wie
ihn Karl-Otto Völker
bei Führungen vorlebt.

Driving change: the
many automotive
suppliers in Rems-Murr-
Kreis continue in the
footsteps of Gottlieb
Daimler. His childhood
home in Schorndorf is
now a museum.

Schaffenskraft:
Hinterm Horizont geht's weiter für kräftige Schaffer und kreative Köpfe

Ideen haben einen Anfang, aber kein Ende. Den Faden aufnehmen und immer weiterspinnen, damit er nie abreißt: Das verstehen die innovativen Familienunternehmen besonders gut, von denen es im Rems-Murr-Kreis so viele gibt wie kaum sonst wo in Deutschland. Einige haben ihr Ursprungsprodukt perfektioniert und sind Weltmarktführer geworden. Das kraftraubende Schaffen im Wald etwa hat Stihl mit der Motorsäge so revolutioniert, dass für die Waiblinger Firma im Wald nicht mehr die Räuber, sondern Produktpiraten zu fürchten sind.

Local companies that thrive globally

Ideas are born, but they never die. Rems-Murr-Kreis has an astounding number of family-run businesses that have gone from bright spark to global market leader, such as Waiblingen-based chainsaw manufacturer Stihl.

Druck machen.
Wer im Land der Kehrwoche erreicht, dass Saubermachen Spaß macht, ist ein Volksheld. Wer das Prinzip international durchsetzt, hat es geschafft. Und wenn sich das Verb „kärchern" sogar etabliert, hat er etwas Bleibendes geschaffen. Damit der Erfolg bleibt, verfeinert das Winnender Unternehmen mit Hochdruck seine Reinigungsgeräte und fächert die Produktpalette auf.

Cleaning up: a favourite pastime of house-proud locals. But Kärcher's high-tech cleaning equipment is popular with the rest of the world, too.

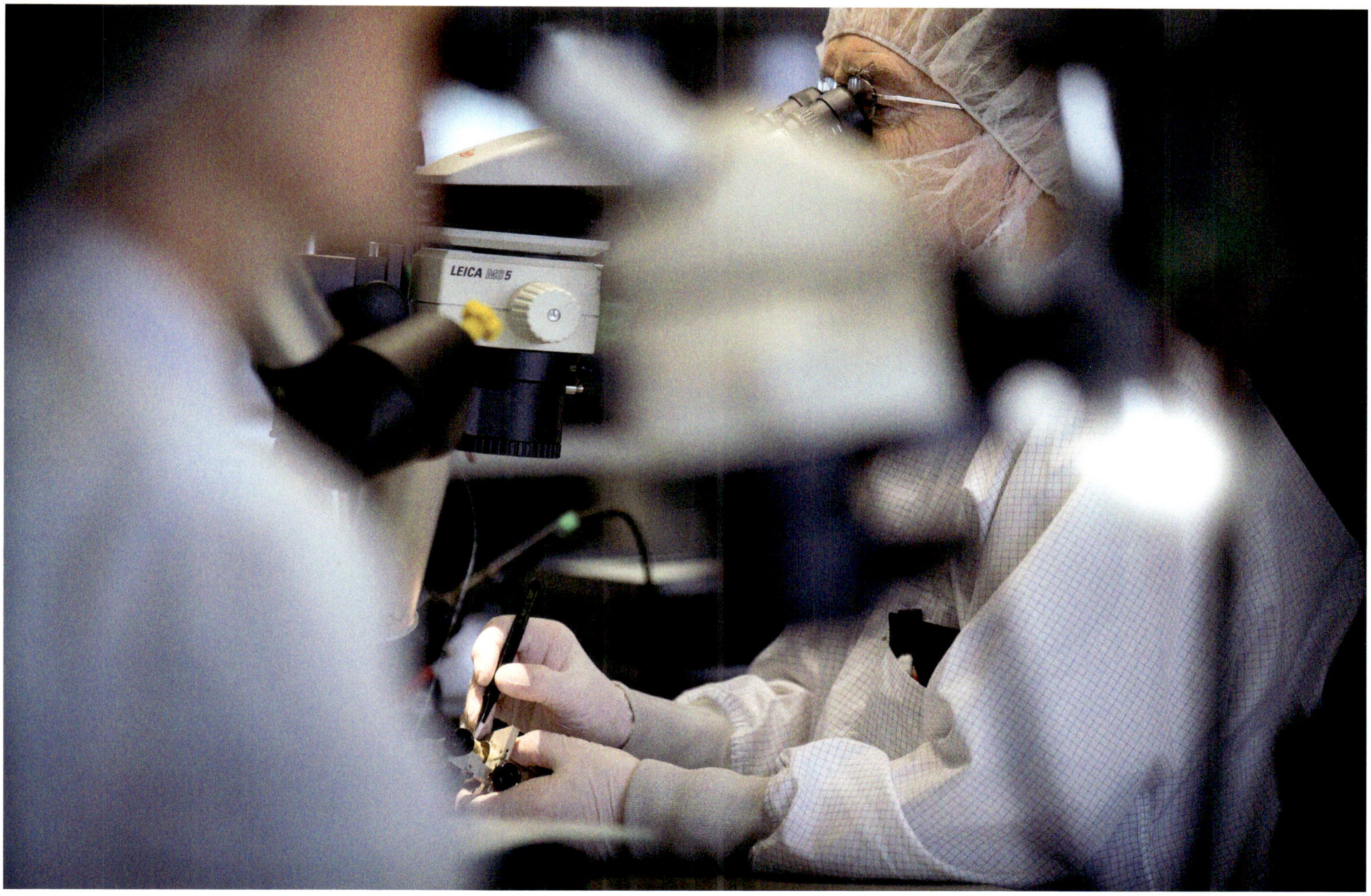

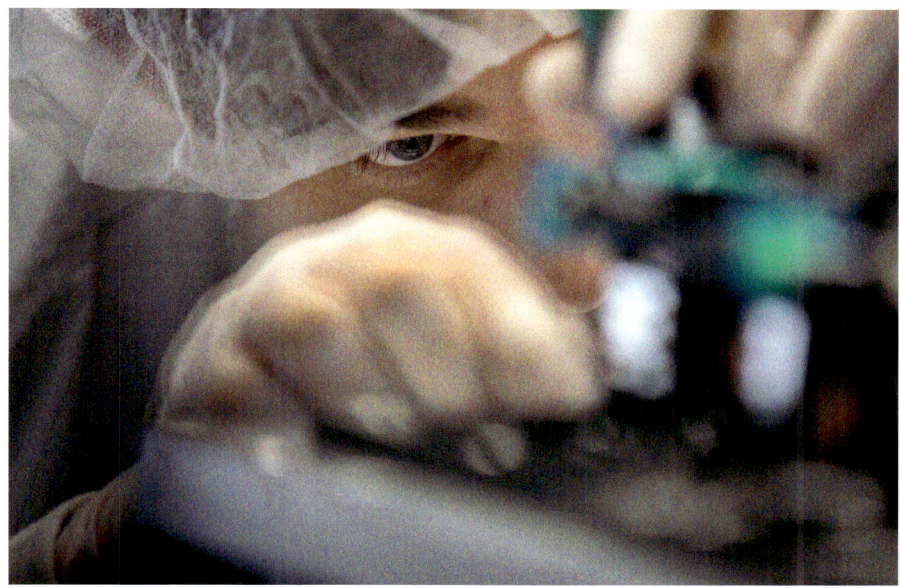

Kleiner werden.
Die Welt ist nicht genug.
Für Tesat-Spacecom liegt
der Markt im All – ein
grenzenloser! Neben
Mobilität ist allgegenwär-
tige Kommunikation das
zentrale Merkmal der
heutigen Gesellschaft.
Dabei ist nicht das Rad neu
zu erfinden, aber für die
extremen Bedingungen
im Weltraum möglichst
chirurgisch klein, leicht
und zuverlässig zu
machen. In mehr als der
Hälfte aller Satelliten steckt
Backnanger Hightech.

Downsizing: the sky's the
limit for Tesat-Spacecom.
Over half of all satellites
contain its tiny yet reliable
communication devices.

Kraft tanken.
Der Energiedurst der
Wirtschaft braucht nicht
versiegende Quellen,
die der Natur nicht
schaden und sie nicht
verschandeln. Mit strit-
tiger Ästhetik versuchen
die Windräder diesen
Spargel-Spagat. Seit
2004 dreht bei Welzheim
der erste und lange Zeit
einzige Rotor im Rems-
Murr-Kreis seine Kreise:
als einsamer Rufer im
Schwäbischen Wald,
dessen Unberührtheit
Menschen schätzen,
um ihren Akku wieder
aufzuladen.

**Harnessing the power
of nature:** the region's
first wind turbine and
the unspoilt wood it
stands in both help
people to recharge their
batteries.

Eigenleistung:
Baumeister des eigenen Lebens müssen sich ganz schön strecken

Wolkenkratzer oder Bungalow: Wer hoch hinaus strebt oder schlicht bodenständig sein will, braucht ein solides Fundament. Weil das Leben kein Fertighaus ist, fordert es von jedem Eigenleistung – selbstbewusst und selbstlos zugleich. Höchst individuelles Rüstzeug dafür liefern im Rems-Murr-Kreis unter anderem die kontrastreiche Bildungslandschaft und eine ungewöhnliche Dichte an Einrichtungen für Menschen mit Behinderungen. Und den Rücken stärkt allen ein Gesundheitswesen von Landärzten bis zu Hightech-Kliniken.

Working towards independence together
Everyone is responsible for building their own future – but to do that they need a solid foundation. Rems-Murr-Kreis offers a rich array of educational opportunities, programmes for people with disabilities, and healthcare facilities.

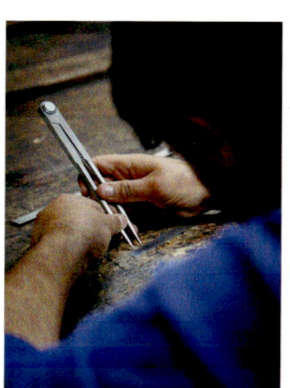

Nüsse knacken.
Mit Menschen oder Maschinen arbeiten, kreativ oder konstruktiv vorgehen? Was die Zukunft auch bringen wird, Köpfchen ist gefragt beim Tête-à-Tête der Wissensdurstigen. In mehr als 50 Schularten an den drei Beruflichen Schulzentren des Landkreises arbeiten fast 11.000 junge Frauen und Männer an sich für ein Leben Marke Eigenbau.

Learning skills for life:
the three vocational training centres in Rems-Murr-Kreis comprise 50 colleges, helping 11,000 young people launch their careers.

Hungrig sein.
Immer eine Frage mehr als Antworten haben: So erkunden und erweitern Kinder ihren Horizont. Der umfasst für die rund 30 Mädchen und Jungen der Grundschule Hellershof zunächst einmal ihre Heimat: 20 Teilorte von Alfdorf, Kaisersbach und Gschwend. Die Erst- bis Viertklässler lernen dabei täglich miteinander und voneinander.

Thirsting for knowledge: the small primary school in Hellershof has just one class, with 30 children ranging from Years 1 to 4. That allows them to learn from each other.

Raum geben.
Das Leben hält nicht für jeden alles parat. Aber die Kunst des Kochens ist, aus den vorhandenen Zutaten etwas Schmackhaftes zu machen. Das Salz in der Suppe kann jeder beisteuern. Dazu bietet der Rems-Murr-Kreis Menschen mit besonderen Bedürfnissen mehr Platz als jeder andere im Land. Das Betriebsrestaurant der Diakonie Stetten etwa lässt Mitarbeitern und Gästen mit all ihren Eigenheiten Raum für ein Leben à la carte.

Giving everyone a fair share: as the cafeteria at Diakonie Stetten shows, catering for people with special needs is always on the menu in Rems-Murr-Kreis.

Mist bauen. Jeder der auf dem Bio- hof der Paulinenpflege am Rande von Winnen- den lebt und arbeitet, ist produktiv. Im Kontakt der Zwei- und Vierbei- ner ist nicht Perfektion gefragt, sondern Zupa- cken. Geht mal was da- neben, macht man halt den Mist der anderen weg - selbstbewusst und selbstverständlich.

Mucking out: all part of a day's work at Paulinenpflege's organic farm. The atmosphere is supportive: pitching in is more important than perfection.

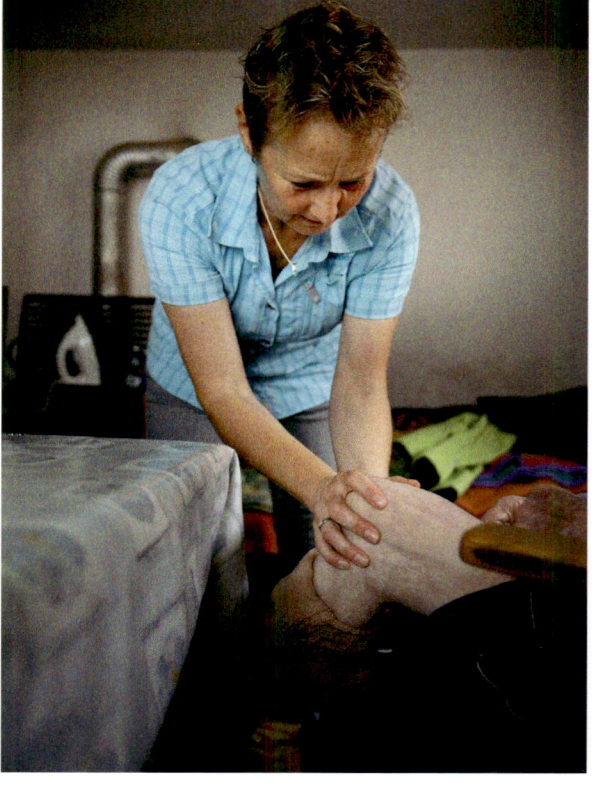

Mut schenken.
Nicht nur, was man tut,
sondern auch wie man
es tut, hilft Schmerz zu
lindern. Schon durch die
bewusste Zuwendung
eines Hausbesuchs bringt
jemand wie die Aspacherin
Dr. Petra Kotzan Balsam
für die Seele in dem kran-
ken Körper des Patienten.
Im dünn besiedelten Nor-
den und Osten des Kreises
sind Landärzte eine große
Stütze der medizinischen
Versorgung.

Making a difference:
with a good bedside man-
ner. Doctors like Dr. Petra
Kotzan pay house visits in
the thinly populated north
and east of the region.

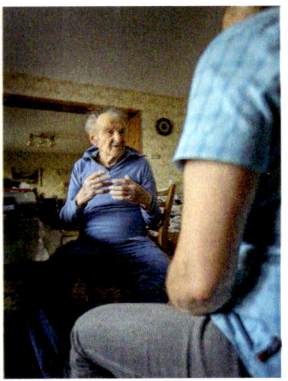

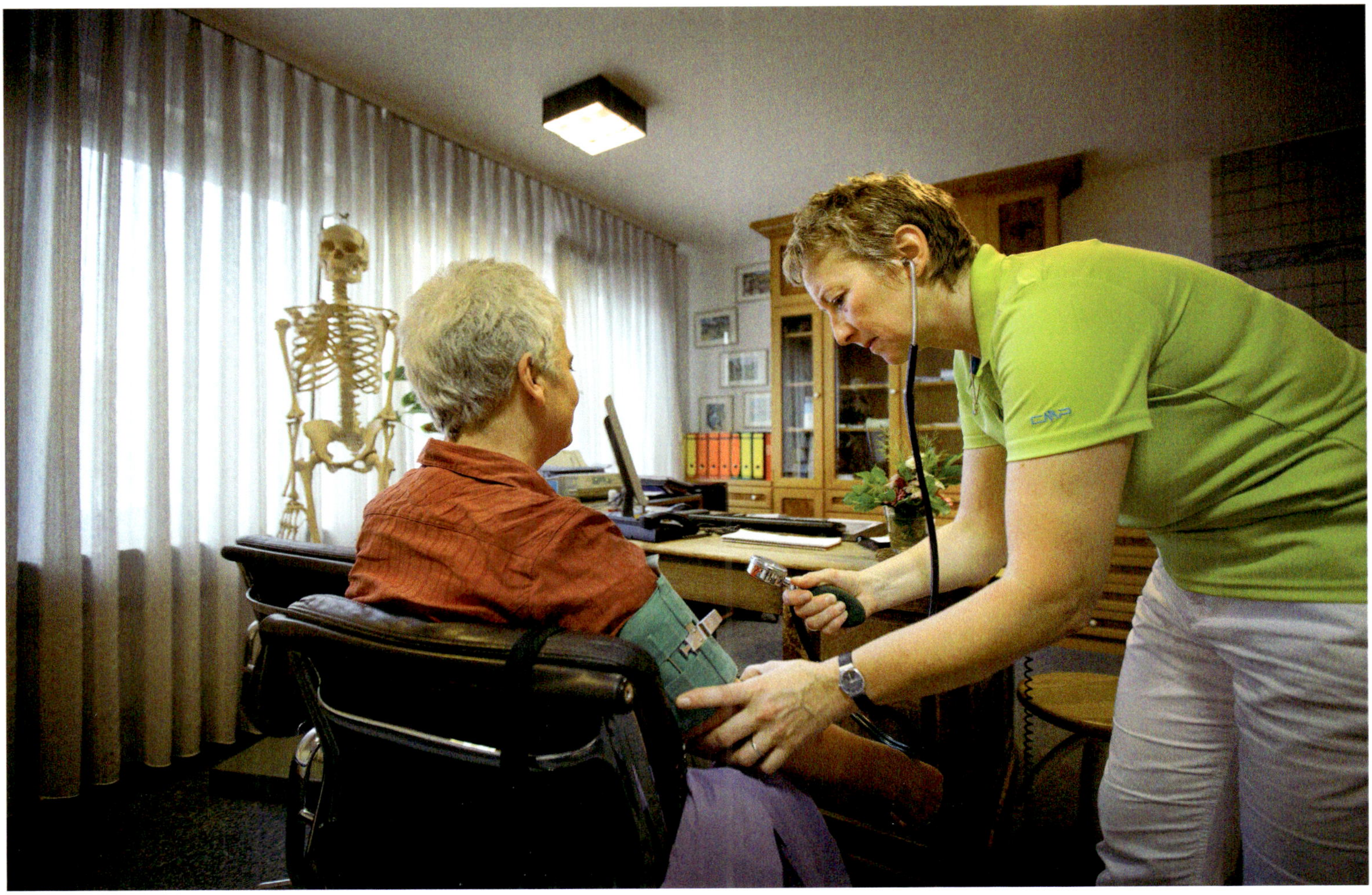

Kompetenz bündeln.
Die Gesundheit zählt zu
den höchsten Gütern.
Ihr gebührt das größ-
te Bauprojekt in der
40-jährigen Kreisge-
schichte. Für den mo-
dernsten medizinischen
Zuschnitt entsteht die
Rems-Murr-Klinik in
Winnenden von Grund
auf nach allen Regeln
der Kunst. Die Form
folgt der Funktion:
Im Gleichklang sind
Zweckbau und ärztliche
Versorgung zugleich
angenehm und effektiv.

Making things better:
form follows function
at the new hospital.
Both the building and
the treatments provided
here are designed to
be state-of-the-art,
pleasant and effective.

Naturtalent:
Muße ist ein Muss, um dem Land
seine schönsten Seiten abzugewinnen

Zeit lässt sich nicht beschleunigen. Sie geht ihren gleichmäßigen Gang. Dem Menschen obliegt es, sich in diesen Rhythmus einzufinden, um im Gleichklang mit der Natur die Früchte der heimischen Erde zu veredeln – so wie Winzer-Pionier Hans Haidle in seinem Weinberg an der Y-Burg ruht. Es gibt keine besseren Beispiele für die Schollenverbundenheit als Landwirtschaft, Weinbau und Streuobstwiesen und dafür, welche Qualität der Landstrich an Talenten und Produkten hervorgebracht hat. Auch um all dies zu genießen, empfiehlt sich ein gerüttelt Maß an Muße.

Combining nature's gifts and human ingenuity

Time moves at its own steady pace. But the region's farms and orchards testify to the rich rewards of patiently following natural rhythms – just ask pioneering vintner Hans Haidle. To savour it all slowly is only fitting.

Knie beugen.
Himmel und Erde vereinen
sich im Remstal. Klima und
Boden bieten die besten
Bedingungen für die edel-
sten Tropfen. Fast die Hälfte der Spitzenweingüter
Baden-Württembergs
sind hier beheimatet. Der
kunstvolle Geschmack
braucht ein helles Köpf-
chen und ein gutes
Händchen. Immer wieder
müssen sich die Wenger-
ter klein machen, ob im
Fass oder bei der Lese, für
einen Wein von Größe.

Harvesting a rich crop:
the climate and soil of
Remstal are ideal for
winegrowing. But its fine
wines owe their reputation
to the expertise of local
vintners.

Ruhe finden.
Der Schwabe geht nicht
zum Lachen in den Keller,
doch überkommt es ihn
dort besonders oft. Für
den Viertelesschlotzer ist
er eine Schatzkammer, in
der sein Rebengold lang-
sam Reife gewinnt. Der
Familienbetrieb Ellwanger
in Großheppach gibt die
Weinbautradition seit bald
500 Jahren weiter. Die
Erkenntnis, dass man den
Dingen Zeit geben muss,
ist zum Kulturgut gereift.

Improving with time:
the cellars at the family-
run Ellwanger vineyard
hold the fruits of a tra-
dition stretching back
almost 500 years.

Identität stiften.
Neben dem urwüchsigen
Schwäbischen Wald sind
es insbesondere Wein-
berge und Streuobst-
wiesen, die den Land-
schaftszügen an Rems
und Murr ihr Gesicht
geben: ein respektvolles
Zusammentreffen von
Kultur und Natur, die
einander gewähren
lassen. In Berglen etwa
stehen Mensch und
Baum auf Du und Du.
Ohne Normierung tau-
schen sie sanfte Pflege
gegen reiche Frucht.

Putting down roots:
well-tended vineyards
and orchards, like this
one in Berglen, char-
acterise the landscape
of Rems-Murr-Kreis.

Frucht tragen.
Dank Schönheit und Nütz-
lichkeit ziert den Landkreis
mit seinen Streuobst-
wiesen ein Januskopf
zwillingshafter Güte. Im
Frühjahr tauchen sie ihn
in ein Blütenmeer auf wo-
genden Hügeln, im Herbst
durchzieht ein Duft viele
Dörfer, wenn das eigene
Obst zur Ernte Topf, Ofen
oder Keller für ortstypische
Rezepturen füllt.

Bearing fruit: these
orchards are a feast for
the eye when they
blossom in spring, while
in autumn the harvest
puts a feast on the table.

Kräftig ackern.
Seit je her bietet der Rems-Murr-Kreis mit seinen namensgebenden Flüssen, die den Neckar speisen, und einer fruchtbaren Krume, die seine Einwohner ernährt, eine gute Lebensgrundlage. Gut zwei Fünftel sind Landwirtschaftsfläche, davon knapp die Hälfte Ackerland, hier zum Beispiel für Spargel, Erdbeeren oder Rucola. In Baden-Württemberg zählt er zu den ältesten Obstanbaugebieten.

Reaping rewards: two-fifths of Rems-Murr-Kreis is devoted to agriculture, nourished by rich top soil and the rivers Rems and Murr.

Gespräche pflegen.
Die Zahl und Beliebtheit
der Direktvermarkter ab
Bauernhof steigt. Für die
Wengerter ist das nicht
neu. In ihren Besenwirt-
schaften verköstigen sie
zum eigenen Fasswein
die Gäste mit Schwä-
bischer Küche. In den
zeitweiligen Gaststätten
essen und fühlen sie sich
„wie dahoim".
Das Weingut Luckert
in Winnenden lebt vor,
dass früher für die
Besenzeit die Familie
ihre Wohnung räumte.

Feeling at home: guests
at Weingut Luckert are
part of a long tradition
of "Besen", where
vineyards serve their
own wine and home-
cooked food.

Akzente setzen.
Wer statt Bewährtes in heimeligen Räumen ausgefallenen Gaumenkitzel sucht, den zieht Sternekoch Armin Karrer in Fellbach in seinen Bann. Bei seinen Miniaturen kulinarischer Meisterwerke greift seine Avantgardekunst Elemente der Molekularküche auf. Die Hinzunahme von Biochemie und Physik erhebt die Speisenbereitung zu einer kleinen Wissenschaft, bei der jeder Handgriff sitzen muss.

Reaching new heights:
leading chef Armin Karrer's avant-garde creations require a mastery of biochemistry – and a steady hand.

Um den Zauber wirken zu lassen des grünen Jungbrunnens für gestresste Städter der Metropolregion Stuttgart, weitgereiste Urlauber und tief verwurzelte Einheimische, muss man sich vom Geist des mystischen Waldes umwehen lassen - den Moment einfrieren und hineintauchen, bis man nichts mehr hört als das Rauschen der Blätter. Dann gesellen sie sich dazu: das Platschen des Wassers, das Zischen des Dampfes, das Knirschen der Steine. Als menschliche Spur in der Natur reizt auch der Baggersee in Plüderhausen mit seinem erfrischenden Quellwasser.

From hard work to recreation

The region's quiet, unspoilt forests, where nothing can be heard save the rustling of leaves, are a great place to unwind. The lake in Plüderhausen – once a quarry – offers a livelier alternative for a day out.

Waldgeist:
Harte Arbeitswelt der Pioniere
taugt heute zum Freizeiterlebnis

Laufen lassen. Unberührte Wälder, raue Felsklingen und versteckte Höhlen bezaubern Ruhe und Erholung Suchende im erdigen Idyll des Schwäbischen Waldes. Bei den Hörschbach-Wasserfällen nahe Murrhardt behilft man sich mit einem Staubecken für imposante Kaskaden auch bei Trockenheit. Sie erinnern so daran, dass rauschende Bäche hierzulande die treibende Kraft für Mühlen waren und Siedler sie dafür reguliert haben.

Taking the plunge: the Hörschbach falls owe their impressive cascade - even during dry spells - to a dam, a reminder of an era when water power was needed to turn mills.

Stille ertragen.
Die Natur lädt ein, in Abge-
schiedenheit zu verweilen.
Immer wieder übt sie sich
selbst in Askese und folgt
dem Gebot innezuhalten.
Sogar der sprudelnde
Hörschbach hält mitten im
Sturz an. Aber der lang-
same Takt von Mutter Erde
bedeutet keinen Stillstand.
Ob Schlucht oder nahes
Felsenmeer: Wind und
Wasser, Wärme und Kälte
formen das Gesamtkunst-
werk unaufhörlich neu.

Transforming the land-
scape: *winter imposes a*
hushed awe, subduing
even the rushing falls. But
Nature never stands still:
even rocks are shaped by
time and the elements.

Weg ebnen.
Mit ihrer revolutionären Zugkraft brachte die Eisenbahn ab 1861 die Industrialisierung in diese Breiten. Die Landwirtschaft, durch die Realteilung des Erbes zergliedert, und das dörfliche Handwerk hatten meist nur ein karges Auskommen geboten. Mit mehr Mobilität, Handel und Industrie hielt der Wohlstand zischend und schnaubend Einzug.

Getting on track: *from 1861, railways changed the face of the region, bringing industrialisation, increasing trade and prosperity.*

Dampf ablassen.
Hitze, Schweiß und Ruß
sind nicht mehr Ehren-
abzeichen der Heizer
auf der Dampflok,
sondern begehrte Foto-
motive an Sonn- und
Feiertagen. Ab 1911
erreichte die Schwä-
bische Waldbahn über
eine der steilsten Zug-
strecken des Landes auf
Viadukten über tiefe
Schluchten auch Welz-
heim als letzte Ober-
amtsstadt im Königreich
Württemberg. Heute
gehen hier pro Jahr
rund 30.000 Passagiere
auf Zeitreise.

Steaming ahead: by
1911, the railway had
reached Welzheim,
crossing viaducts and
climbing steeply – an
experience now relived
by 30,000 passengers
a year.

Tief schürfen.
Handwerkskunst machte
den Norden des heu-
tigen Landkreises rund
um Spiegelberg trotz
weniger und wenig ed-
ler „Bodenschätze" zu
einem Zentrum für Glas-
und Spiegelherstellung.
Auch das besonders fein
gekörnte und zugleich
harte Gestein ließ sich
nutzbar machen als
Wetzstein für Sensen,
Sicheln und Äxte.
Museum und Besucher-
bergwerk erlauben
Begegnungen mit der
Geschichte.

Digging deep: miners
once extracted the hard
yet fine-grained stone
in these mines to make
whetstones. Today the
site is a museum.

Muskelspiel:
Sport führt manchmal zum Erfolg,
ist aber für alle immer ein Gewinn

Die Funktion der Flüsse als Transportwege ist lange nach der Epoche der Flößer aus dem Blick geraten. Die Wasserstraßen dienen eher als Rennstrecke für Sportler in Kanus oder Ruderbooten und als Laufsteg für Freizeitkapitäne in ... sehr eigenartigen Gefährten. Der stete Wettkampf von Geist und Körper - mal als Partner, mal als Gegner - findet viele verschiedene Ventile im Breiten- und Leistungssport auf und an Rems und Murr.

Where even the runners-up are winners

Once important waterways for barges, the region's rivers have long since been taken over by watersports enthusiasts. Everything from serious competitions to recreational activities takes place on and around the Rems and Murr.

Takt vorgeben.
Mag mancher seinen
Chef einen Sklaventreiber
schimpfen, sind die „Ga-
leerentrommler" auf den
Drachenbooten dagegen
Inbegriff der Harmonie.
Nur im selben Rhythmus
kommen die 16 Paddler
gemeinsam vorwärts. Beim
Cup der Rudergesellschaft
Ghibellinia Waiblingen sind
es oft Arbeitskollegen, die
sich gemeinsam ins Zeug
legen und mit diesem Be-
triebssport ihren Teamgeist
stärken.

Setting the pace: at
the dragon boat races
organised by rowing club
Ghibellinia Waiblingen, the
drummers ensure that all
16 crew members stay in
time.

Spaß haben.
Kein Auge bleibt trocken bei der Murr-Regatta und auch sonst nicht viel. In ihren Hobbykeller-Phantastereien, mit denen sie in Oppenweiler in See stechen, kommen die mutig-kreativen Teilnehmer meist an Wehren, Schiebepassagen und Stromschnellen ins Schwimmen. Fünf Kilometer haben die Charakterköpfe bei dem Gaudi-Rennen des Jugendzentrums Backnang zu meistern.

Making a splash: all part of the fun at the Murr Regatta – resourceful participants have to propel their home-made craft a good five kilometres.

Flagge zeigen.
Der TV Bittenfeld 1898 ist als höchstrangiger Klub in einer Kernsportart das Aushängeschild des Sportkreises. Bei ihm ist auch das Fan-Dasein ein Mannschaftssport. In jüngsten Jahren hatten sich die Handballer aus Waiblingen mit ihren Fans im Rücken in der Spitze der 2. Bundesliga-Süd etabliert. Seit kurzem ist die zweithöchste Spielklasse eingleisig. Der TVB macht sich bundesweit einen Namen.

Showing team spirit: both on and off the court at TV Bittenfeld 1898. The handball club and its legion of fans are hoping to shake up the second division of the national league.

Alles geben.
Für dauerhaften Erfolg in der Bundesliga braucht der TVB Rückhalt. Den gibt der „Freundeskreis", der die 1. Mannschaft nicht nur finanziell und moralisch stützt, sondern selbst mit anpackt bei Hallenbewirtung, Trainingslagern und Auswärtsfahrten. Das Gefühl der Zusammengehörigkeit stärkt das Team auf und neben dem Feld. Dazu sucht der TV Bittenfeld 1898 die Vernetzung mit den Handballvereinen der Region Stuttgart.

Drumming up support:
TV Bittenfeld 1898 relies on its fan club not only for financial and moral support – but also for help with catering and transport.

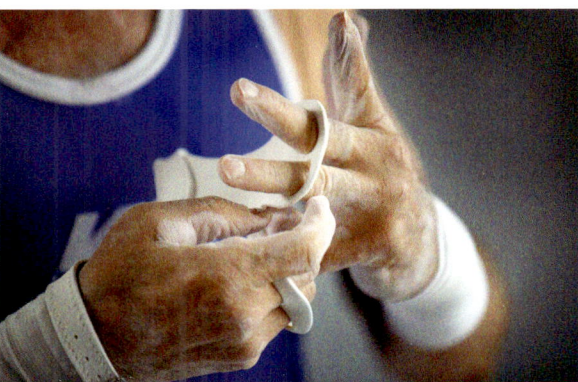

Haltung beweisen.
Alte Herren und altes Eisen sind nicht unbedingt Altersgenossen. Die Kategorie „AH" beginnt im Sport schon in jungen Jahren. Wer bei der Stange bleibt, bleibt in Schwung und bremst das Altern. Beim Geräteturnen für Ältere zeigen die Silberköpfe der Gustav-Auer-Riege im VfL Waiblingen Übungen, vor denen vielen Grünschnäbeln graut.

Showing staying power:
the silver-headed gymnasts of sports club VfL Waiblingen are still capable of gold-medal performances.

Ziel setzen.
Absoluter Spitzensport hat in Welzheim seinen Ursprung. In der Limesstadt, wo schon in der Antike die Pfeile flogen, brachte die Schützengilde viele Olympioniken und Titelträger hervor. Dank Präzision, Konzentration und Selbstbeherrschung avancierte sie zum Deutschen Rekordmeister im Mannschaftsbogenschießen. Welzheim ist heute Olympiastützpunkt.

Hitting the bull's eye:
Welzheim's archery club holds the German record in the team event – harking back to the town's Roman origins.

Hängen lassen.
Es ist ein schmutziges
Geschäft, bei dem man
sich hängen lassen muss,
um nicht aus der Bahn
geworfen zu werden.
Seit über 50 Jahren
steht Rudersberg auf
der Landkarte der
Motocross-Rennfahrer.
Bei WM- und EM-Läufen
rückt die Strecke des
MSC Wieslauftal interna-
tional in den Blickpunkt.
Die Höllenritte der
Seitenwagen-Gespanne
scheinen der Fliehkraft
zu trotzen.

Getting down and dirty:
the motocross racing
track at Rudersberg
holds international
competitions. The side-
car races are particularly
spectacular.

Wertschöpfung:
Eintritt in Parallelwelten bietet
unerwartete neue Perspektiven

Der erste Blick täuscht - und der letzte auch. Künstler verändern den Blickwinkel und verhindern abschließende Sichtweisen. Geysirartig lässt der Däne Olafur Eliasson den „Pavillon für Waiblingen" per Stahlfontäne als viertes Bauwerk neben der Fachwerk-Schönheit, die zum Haus der Stadtgeschichte avanciert, und den ultramodernen Bauten von Galerie Stihl Waiblingen und Kunstschule aufquellen. Ob Kreisstadt oder abgelegener „Kulturbuckel" Großhöchberg: Die Kunstszene überrascht vielerorts.

New perspectives on a rich cultural heritage

An enduring burst of creativity, Olafur Eliasson's steel fountain in Waiblingen is juxtaposed with a half-timbered beauty and an ultra-modern gallery, symbolising the region's surprisingly diverse arts and culture scene.

Form vollenden.
Kunst belehrt nicht,
kann aber lehrreich sein
und ermutigen, sich im
Schöpferischen selbst
wertvoll neu zu begeg-
nen. Die Kunstschule
Unteres Remstal schult
ganzheitlich Wahrneh-
mung und Ausdrucks-
fähigkeit. Und die Aus-
stellungen der Galerie
Stihl Waiblingen sind
Anschauungsunterricht
markanter und bekann-
ter Werke auf Papier.

Creating talent: the best
art blends technique
and creativity – from
the projects at Unteres
Remstal art school to
the famous works on
display at Galerie Stihl
Waiblingen.

Linie finden.
*Thitz bringt die weite Welt
heim und trägt sie als
Parallelwelt wieder hinaus:
auf Papiertüten. Der in
Frankfurt geborene und
in Stuttgart aufgewach-
sene Maler sammelt die
Einkaufstüten in Groß-
städten und gestaltet sie
in seinem Winterbacher
Atelier mit urbanen
Impressionen zwischen Ist
und Werden. Grell und
comichaft verdichtet laden
die international gefragten
Wimmelbilder in Acryl ein
auf Entdeckungsreisen in
den Alltag des Stadtlebens.*

**Conveying an
impression:** *the paper
bags adorned with urban
scenes by Winterbach-
based artist Thitz are
sought after by inter-
national collectors.*

Raum greifen.

Die „größte Bühnendichte Deutschlands" beansprucht Großhöchberg für sich: drei Bühnen bei nicht mal 100 Einwohnern. Vor allem das KABIriNETT lockt Gäste auf den „Kulturbuckel". Thomas Weber baut deren Verköstigung gleich in die Handlung des Stücks ein - gerne unter freiem Himmel. Der Klosterhof verbindet Kleinkunst und Kulinarik im Landhaus-Charme. Dritter im Bunde ist das Gemeinschaftshaus.

Putting on a good show:

tiny Großhöchberg has less than 100 residents and three theatres. KABIriNETT holds performances outdoors, if the weather permits.

Blick schärfen.
Als ob das Leben nicht genügend Geschichten schriebe, gießen die Autoren Astrid Fritz und Peter Kundmüller ihre Gedankenwelt in Waiblingen in Worte. Kundmüllers Kinderkrimis spielen sogar hier, einer davon just an der Ecke, an der er sich postiert hat. Auch Fritz, der mit der „Hexe von Freiburg" der Durchbruch gelang, fließen ihre historischen Romane an der Rems aus der Feder.

Setting the scene:
Waiblingen served as an inspiration to children's detective story writer Peter Kundmüller, and is home to historical novelist Astrid Fritz.

Launen genießen.
Der Ludwigsburger
Fabrikant Robert Franck
produzierte um 1900 fast
weltweit Mocca faux,
landläufig als „Mucke-
fuck" besser bekannt, und
entwickelte den Caro-
Kaffee. Der Welt hinterließ
er zudem seine Sommer-
residenz in Murrhardt. Im
Baudenkmal des Historis-
mus und Jugendstils leben
nun die gesellschaftlichen
Salon-Ereignisse auf mit
Musik, Tanz und Gastro-
nomie der damaligen Zeit.

Having a ball: the early
20th century villa of fac-
tory owner Robert Franck
in Murrhardt now hosts
gala events with historical
music, dances and food.

Laut geben.
Keine bloße Unterhaltung will die Schorndorfer Manufaktur. Eigene Wege abseits kommerzieller Trampelpfade sucht das soziokulturelle Zentrum. Wort, Bild und Klang sind ihm Gefäße für Kultur und Politik. Lesung, Ausstellung, Kino oder Konzert wecken Wissbegierde. Die Saxophonistin Matana Roberts etwa thematisiert in ihrer Musik die Lebensgeschichte ihrer afroamerikanischen Vorfahren.

Striking a chord: *at cultural venue Schorndorfer Manufaktur, words, images and sounds are a means of telling stories and conveying ideas.*

Selbst anpacken.
Das Team ist der Star bei
der Kulturinitiative Rock
Winterbach. Rund 250
Ehrenamtler krempeln die
Ärmel hoch und machen
ihre Träume selbst wahr.
Aus einer Kneipenlaune
von Musik-Verrückten ent-
standen, zieht die „Kulti"
seit Jahrzehnten Topleute
an von Manfred Mann
über Gianna Nannini und
Wishbone Ash bis Barclay
James Harvest. Höhepunk-
te sind die Zeltspektakel.

Banding together: the
250 music-mad volunteers
from the club Kulturini-
tiative Rock Winterbach
have turned a moment of
inspiration in a pub into a
hit festival.

Tabus brechen.
Freie Natur und Kunst-
freiheit vereinen sich.
Unverhofft und vehe-
ment offenbart sich
dem Wanderer in
den Strümpfelbacher
Weinbergen Zeus. Der
oberste Gott des Olymps
entführte der griechi-
schen Mythologie nach
als Stier die phönizische
Königstochter Europa.
Fruchtbar oder furcht-
bar: Eine starke Reakti-
on, auf die ein Künstler
abzielt, ist Karl Ulrich
Nuss gewiss.

Attention-grabbing:
Karl Ulrich Nuss's sculp-
ture portrays the ancient
Greek legend of the god
Zeus taking on the form
of a bull and abducting
Europa.

Frei sein.
Fern von Museen, Rathausplätzen und Kreisverkehren verharren 39 kunstvolle Figuren am Skulpturenpfad über Strümpfelbach. Geschaffen von einem Künstler-Clan: Fritz Nuss, Sohn Karl Ulrich Nuss und Enkel Christoph Traub. Der Blick vom hockenden „Späher" schweift über Land und Leute. Die werten Geschöpfe halten Ausschau nach Besuchern mit wachen Augen und kritischen Köpfen.

Taking a stand: *linked by a trail, 39 sculptures by three generations of the Nuss family cast a steely, watchful eye over Strümpfelbach.*

Der Rems-Murr-Kreis – Begegnung von Geschichte, Natur und Kultur in harmonischer Vielfalt

Entstanden ist der Rems-Murr-Kreis 1973 aus dem früheren Landkreis Waiblingen und großen Teilen des alten Landkreises Backnang. Bereits in seinem Namen spiegelt sich ein Dualismus wider, der in vielen Bereichen prägend für seine Strukturen ist. Landschaftlich hat er durch seine Vielfalt einen besonderen Reiz, stehen doch der Schwäbische Wald im Osten und der Schurwald im Süden des Landkreises in einem reizvollen Kontrast zu den breiten Tälern der namensgebenden Flüsse Rems und Murr, die in weiten Teilen durch den Weinbau dominiert sind.

Dieser hat im Rems-Murr-Kreis eine bald tausend Jahre alte Tradition. Er prägt vor allem im Remstal die Ortsbilder, das kulturelle Leben und den Alltag der Menschen wie kaum ein anderer Wirtschaftszweig. Erfreulich dabei ist, dass der Weinbau nicht in dieser Tradition erstarrt, sondern junge Winzer neue Ideen und andere Schwerpunkte einbringen, die die Weine aus dem Rems-Murr-Kreis zu einem besonderen Markenzeichen machen. Ergänzt wird der Weinbau durch Obst- und Beerenkulturen, die im Frühjahr mit ihrer Blüte dem lieblichen Landschaftscharakter seine schönste Ausprägung verleihen. Direktvermarkter lassen die Bewohner des Rems-Murr-Kreises und seine Besucher unmittelbar an dieser Vielfalt und seiner Frische teilhaben.

Aber auch in vielen anderen Bereichen waren es Menschen aus dem Rems-Murr-Kreis, die mit ihrer Cleverness, ihrem Ideenreichtum und ihrem Engagement unser Umfeld, unser Land oder gar die Welt verändert haben. Vorneweg ist hier gewiss der Schorndorfer Gottlieb Daimler zu nennen, der, wie bekannt, den ersten schnelllaufenden Benzinmotor samt dem dazugehörigen Kraftfahrzeug erfunden hat. Weltmarktführer in ihren Bereichen sind die von Alfred Kärcher und Andreas Stihl gegründeten Unternehmen für Motorsägen bzw. Hochdruckreiniger, die heute in Waiblingen und Winnenden ihren Sitz haben. Ein weiterer Pionier war der Backnanger Textilkaufmann Eduard Breuninger, der 1881 in Stuttgart ein Kaufhausunternehmen gründete, das sich mit modernen Werbemethoden und sozialen Leistungen für seine Angestellten von der Konkurrenz abhob. Der Schorndorfer Paul Strähle erkannte früh das Potenzial der Fliegerei und gründete bereits 1921 ein Luftverkehrsunternehmen, das die ersten Passagierflüge von Stuttgart aus anbot.

Pioniere aus dem Rems-Murr-Kreis gab es aber nicht nur in der Wirtschaft, sondern auch in anderen Lebensbereichen. In der Politik wurde der Schorndorfer Reinhold Maier 1952 zum ersten Ministerpräsidenten des neugegründeten Bundeslandes Baden-Württemberg gewählt, er blieb bis heute der einzige FDP-Ministerpräsident Deutschlands. Wenige Jahre zuvor hatte bereits Anna Haag aus Althütte, die sich für Humanität und soziale Gerechtigkeit einsetzte, als Abgeordnete der verfassungsgebenden Landesversammlung den Grundgesetzartikel zur Kriegsdienstverweigerung initiiert.

Auch in der Geschichte des Rems-Murr-Kreises spiegelt sich der angesprochene typische Dualismus wider. Ab dem Jahr 150 nach Christus trennte der obergermanisch-rätische Limes das Römische Reich vom nordostwärts liegenden germanischen Siedlungsgebiet. Er war jedoch trotz seiner starken Befestigung auch Ort eines regen wirtschaftlichen und kulturellen Austausches. Die noch erhaltenen Reste dieses Grenzwalls wurden 2005 zum UNESCO-Welterbe erklärt. Auf dem Gebiet des heutigen Rems-Murr-Kreises verläuft er zwischen Murrhardt und Alfdorf schnurgerade. Gerade hier im Schwäbischen Wald sind viele Zeugnisse des Limes, wie sein Wall und die Grundmauern seiner Kastelle und Türme, erhalten geblieben. So ist er heute ein lohnendes Ziel für Familien, Wanderer und Radfahrer.

Im Mittelalter war das Kreisgebiet gleichermaßen die Wiege Badens und Württembergs. Die Stiftskirche in Beutelsbach war Grablege der Württemberger, während die Badener im Jahr 1116 ein Augustiner-Chorherren-Stift in Backnang errichteten, dessen Kirche St. Pancratius ihnen als Grablege diente. Um 1300 führte eine Heirat die Herrschaftsgebiete der beiden Häuser zusammen, wenige Jahrzehnte später wurde nach der Zerstörung des Stifts Beutelsbach die Grablege der Württemberger nach Stuttgart verlegt. Dadurch kam das Gebiet des Rems-Murr-Kreises aus dem Brennpunkt der Geschichte - mit ein Grund, weshalb viele historische Kleinode und Gebäude und vor allem zahlreiche Fachwerkquartiere bis heute erhalten blieben und vielen Ortsbildern im Rems-Murr-Kreis ein einzigartiges historisches Gepräge geben.

Die Zeit ist jedoch nicht stehen geblieben, sondern Architektur und Kunst haben in jeder Epoche ihre Spuren hinterlassen. Im beginnenden 20. Jahrhundert war dies der Jugendstil, der die Villa Franck in Murrhardt mit ihrer gut erhaltenen Ausstattung kennzeichnet. Sie wurde als Sommersitz eines bekannten Lebensmittelfabrikanten zu der Zeit errichtet, als Murrhardt dank seines Bahnanschlusses Luftkurort und beliebte Sommerfrische mancher Großstädter war.

Der ungewöhnlichste Sakralbau im Rems-Murr-Kreis ist nicht eine der vielen historischen Kirchen, sondern Maria Regina in Fellbach aus der Hoch-Zeit des Betonbaus in den 60er Jahren. Eine höchst umstrittene Kirche, die sich von außen in das Klischee der Betonbauten einreiht und sich dem Besucher nur schwer erschließt. Innen nimmt jedoch die Kraft des strengen Raumes – durch seine Lichtführung, Geometrie und schlichte Materialien bestimmt – gefangen. Ein Ort der Ruhe und der Besinnung und, wie eine Kritikerstimme meinte, eines der kühnsten Bauwerke Europas.

Aus dem 21. Jahrhundert stammt die Galerie Stihl Waiblingen: ein mutiges Bauwerk für Museum und Kunstschule, das zwischen Waiblinger Altstadt und der Rems städtebauliche Akzente setzt und durch eine bestimmende Großskulptur von Olafur Eliasson komplettiert wird. Skulpturen prägen auch die inzwischen an einigen Stellen im Rems-Murr-Kreis angelegten Kunstwege, von denen der eindrucksvollste gewiss der von Karl Ulrich Nuss konzipierte in den Strümpfelbacher Weinbergen ist. Ganz anders als im Museum scheinen die Figuren mit der sich im Rhythmus der Tages- und Jahreszeiten wandelnden Natur zu leben: ein faszinierendes Wechselspiel zwischen Natur und Kunst und damit auch wieder typisch für den Rems-Murr-Kreis und seinen Dualismus und nicht zuletzt Teil seiner hohen Lebensqualität.

Dieses Miteinander von Hightech, hohem Freizeitwert und vielfältigem kulturellen Leben macht die Attraktivität des Rems-Murr-Kreises aus und ermöglicht Begegnungen, die Kraft geben und in Erinnerung bleiben.

Encounters in Rems-Murr-Kreis – a place rich in nature, culture and history

Established in 1973, the Rems-Murr-Kreis local government area is named after two rivers – hinting at its dual personality: the region is home to agriculture and manufacturing, quaint half-timbered houses and modern architectural masterpieces.

The wide valley of the Rems is dominated by vineyards: a thousand-year tradition that has shaped the local landscape, culture and economy. The surrounding countryside is at its loveliest in spring, transformed by orchards in blossom. Yet Rems-Murr-Kreis is also the birthplace of many industries, thanks to its residents' resourcefulness and ingenuity. The most famous is undoubtedly automotive pioneer Gottlieb Daimler; but the companies founded by Alfred Kärcher and Andreas Stihl have also become household names around the world for their cleaning equipment and chainsaws respectively.

The history of Rems-Murr-Kreis has an equally divided character. From around 150 AD, the Limes, ancient Rome's line of defence against the Germanic tribes, split the region. The remainders of the structure – still to be found between Alfdorf and Murrhardt – were declared a UNESCO World Heritage Site in 2005. In the Middle Ages, the area was home to southwestern Germany's two powerful dynasties, the houses of Baden and Württemberg, who both constructed churches as family burial sites. After that, history's more turbulent events passed the region by – explaining the abundance of remarkably well-preserved villages and towns with picturesque half-timbered houses.

However, there are also some magnificent examples of the art and architecture of later centuries; including the imposing early 20th century Villa Franck in Murrhardt, the audacious concrete church Maria Regina in Fellbach from the 1960s, and the contemporary Galerie Stihl Waiblingen, perfectly complemented by a striking sculpture by Olafur Eliasson. Sculptures also line several art trails in Rems-Murr-Kreis. The most impressive is to be found among the vineyards of Strümpfelbach. In this natural setting, the artworks appear to interact with the changing daylight and seasons. An appropriate symbol for the region itself: Rems-Murr-Kreis offers unique encounters between culture and nature, high-tech and history, to deliver an unforgettable experience.

Fotoverzeichnis

Ort	Seite
Alfdorf-Hellershof	34
Aspach	40
Backnang	12, 14, 26
Berglen	50
Fellbach	16, 54, 58
Großerlach	74
Kernen-Stetten	36, 44, 46
Murrhardt	17, 62, 76, 98
Plüderhausen	60
Remshalden-Grunbach	Titelseite
Rudersberg	52, 86
Schorndorf	14, 20, 100
Spiegelberg	70, 94
Waiblingen	15, 22, 30, 72, 82, 88, 96
Waiblingen-Bittenfeld	78
Waiblingen-Hegnach	18
Weinstadt-Großheppach	48, 111
Weinstadt-Strümpfelbach	4, 14, 104
Welzheim	8, 28, 66, 84
Welzheim, Laufenmühle	6
Winnenden	24, 38, 42, 56
Winterbach	92, 102

Murrhardt

Backnang

Winnenden   Welzheim

Waiblingen

Fellbach   Weinstadt   Schorndorf

Mit freundlicher Unterstützung durch die Kreissparkasse Waiblingen

Impressum   Herausgeber Landratsamt Rems-Murr-Kreis
                Fotografie Gottfried Stoppel
                Bildtexte Dr. Harald Knitter, Landratsamt Rems-Murr-Kreis
                Text Kreisgeschichte Dr. Michael Vogt, Landratsamt Rems-Murr-Kreis
                Übersetzung Lotta Ziegert, Martin Crellin Copywriting and Translation
                Konzeption und Gestaltung Alexander Schlesinger, Schlesingers Büro
                Konzeption und Redaktion Margarete Seibold, Landratsamt Rems-Murr-Kreis
                Druck und Bindung Firmengruppe Appl, aprinta druck, Wemding

                Bibliografische Information der Deutschen Nationalbibliothek
                Die Deutsche Nationalbibliothek verzeichnet diese Publikation in der
                Deutschen Nationalbibliografie; detaillierte bibliografische Daten
                sind im Internet über http://dnb.d-nb.de abrufbar.

                © 2013 Konrad Theiss Verlag GmbH, Stuttgart
                ISBN 978-3-8062-2679-9